Mapaches

Julie Murray

Abdo
Kids
ANIMALES COMUNES

abdopublishing.com

Published by Abdo Kids, a division of ABDO, PO Box 398166, Minneapolis, Minnesota 55439.
Copyright © 2017 by Abdo Consulting Group, Inc. International copyrights reserved in all countries.
No part of this book may be reproduced in any form without written permission from the publisher.

Printed in the United States of America, North Mankato, Minnesota.

102016
012017

 THIS BOOK CONTAINS
RECYCLED MATERIALS

Spanish Translator: Maria Puchol

Photo Credits: iStock, Shutterstock

Production Contributors: Teddy Borth, Jennie Forsberg, Grace Hansen

Design Contributors: Candice Keimig, Dorothy Toth

Publisher's Cataloging-in-Publication Data

Names: Murray, Julie, author.

Title: Mapaches / by Julie Murray.

Other titles: Raccoons. Spanish

Description: Minneapolis, MN : Abdo Kids, 2017. | Series: Animales comunes |
    Includes bibliographical references and index.

Identifiers: LCCN 2016947308 | ISBN 9781624026041 (lib. bdg.) |
    ISBN 9781624028281 (ebook)

Subjects: LCSH: Raccoons--Juvenile literature. | Spanish language materials--
    Juvenile literature.

Classification: DDC 599.76--dc23

LC record available at http://lccn.loc.gov/2016947308

Contenido

Mapaches 4

Características
de los mapaches 22

Glosario 23

Índice 24

Código Abdo Kids . . .24

Mapaches

Los mapaches tienen el pelo gris. Algunos lo tienen de color café.

Tienen **marcas** negras en la cara.

La cola de los mapaches es larga. Tiene anillos de color negro en la cola.

Los mapaches tienen uñas afiladas. Sus dedos son largos. Los usan para abrir puertas.

Los mapaches se mantienen activos durante la noche. Pueden ver bien en la oscuridad.

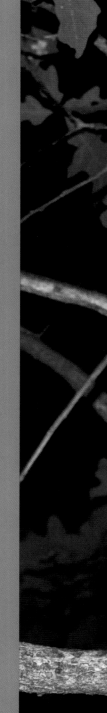

Producen muchos sonidos.

Gruñen y chillan.

Los mapaches comen de todo.

Les gusta la fruta y las ranas.

¡Hasta comen basura!

Viven en árboles y troncos huecos. Pueden trepar bien.

¿Has visto alguna vez
un mapache?

Características de los mapaches

antifaz

ojos

cola

uñas

Glosario

activo
despierto y en movimiento.

hueco
vacío por dentro.

marca
mancha o raya en el pelaje de
un animal.

Índice

alimento 16

cara 6

cola 8

color 4, 6, 8

hogar 18

marcas 6, 8

sonidos 14

trepar 18

uñas 10

vista 12

abdokids.com

¡Usa este código para entrar en abdokids.com y tener acceso a juegos, arte, videos y mucho más!

Código Abdo Kids:
ERK1170

24